EXPERIMENT
CHOCOLATE
RECIPE

―――――

化学的ポイントを知ると
おいしい&作りやすい

チョコレートレシピ

―――――

sachi_homemade

はじめに

最初にお菓子作りをしたのはいつでしたか?
もちろん、これから初めてお菓子作りをする方が
この本を手に取ってくださっているかもしれません。
私が「人にプレゼントしよう」と思って
初めてお菓子作りに取り組んだのは、
おそらくバレンタインデーのチョコレートのお菓子でした。
初心者だからか、失敗することがすごく多く、
今ふり返ってみると笑ってしまいそうな思い出がたくさんあります。
チョコレートはよく食べるもので身近ですが、
最初に手作りするお菓子としては、
ちょっと難しいと思う方も多いのではないでしょうか。
そんなチョコレートのお菓子を私なりの化学的な視点で
より作りやすく、より失敗しにくいように、レシピをまとめました。
お菓子作りの感覚がつかめない人こそ、
温度計などを使って客観的に数字として管理する。
化学的な仕組みをちょっと知っておく。
一見面倒に思えますが、そちらのほうが、
より成功につながりやすくなるのではないかなと思っています。
プレゼントやお祝い、普段のおやつなど、
いろんなチョコレートのお菓子を楽しんでみませんか?
日々に彩りを添えてくれる、そんなお菓子になれますように!

sachi_homemade

目次

はじめに ―――――――――――――――――― 2
この本の使い方 ――――――――――――――― 6

Part 0 お菓子作りの基本

道具 ――――――――――――――――――― 10
材料 ――――――――――――――――――― 10
お菓子作りの基本 ―――――――――――――― 12
型の使い方 ―――――――――――――――― 14
絞り袋の使い方 ――――――――――――――― 15
化学的なポイント ―――――――――――――― 16

Part 1 テンパリングと チョコレートを味わうお菓子

チョコレートとは ―――――――――――――― 20
チョコレートの歴史 ――――――――――――― 21
チョコレートの種類 ――――――――――――― 22
チョコレートとお菓子 ―――――――――――― 23
テンパリング ――――――――――――――― 24
ボンボン・ショコラ ――――――――――――― 29
ナッツとベリーのマンディアン ―――――――――― 31
アマンド・ショコラ ――――――――――――― 33
フロランタン・ショコラ ――――――――――― 36
オランジェット ――――――――――――――― 37

Column **ココアパウダーとカカオバターでチョコレートを作る** ―― 38

Part 2　チョコレートの小さなお菓子

スノーボールクッキー ──── 44
チョコレートクッキー ──── 45
ラムとレーズンのブラウニー ──── 47
サクサク焼きショコラ ──── 49
スィローク ──── 51
カステラトリュフ ──── 52

Part 3　チョコレートのケーキと焼き菓子

2種のチョコレートマドレーヌ ──── 55
切り株ロールケーキ ──── 60
ガトーショコラ ──── 62
チョコレートケーキ ──── 65

Part 4　でき立てを味わう　チョコレートのデザート

チョコレートスフレ ──── 69
紅茶とチョコレートのホットドリンク ──── 71
濃厚チョコレートムース ──── 74
チョコレートプリン ──── 75
チョコレートタルト ──── 77
チョコレートパフェ ──── 79

Column　**テンパリングしたチョコレートでかんたんお菓子** ──── 81
Column　**ラッピングアイデア** ──── 84

How to use この本の使い方

この本では、お菓子作りに隠れた化学的原理をポイントにしています。
化学的原理を理解しながら作ることで、おいしさの理由や、
なぜこの手順を行なうかがわかります。各パートごとの内容とポイントを紹介します。

Part 0 お菓子作りの基本

このパートでは、お菓子作りの基本をまとめています。道具や材料、さまざまなお菓子作りに共通する基本的な手順などを掲載しているので、チョコレートのお菓子を作る前に参考にしてください。またお菓子作りにどんな化学的原理が隠れているかについても紹介しています。

Part 1 テンパリングとチョコレートを味わうお菓子

このパートでは、チョコレートの基本とテンパリングについて紹介しています。チョコレートはどんな素材でどんな歴史があるのか。また化学的に見たチョコレートの特徴についてもまとめました。テンパリングしたチョコレートで作るレシピも掲載しています。

Part 2 ≫ Part 4 チョコレートのお菓子レシピ

次のパートからは、チョコレートのお菓子のレシピを紹介。プレゼントしやすい、小さなお菓子や焼き菓子、クリスマスやお祝いにもおすすめのホールケーキ、でき立てを味わうお菓子などさまざま。冷たいお菓子やあつあつの焼き立てを味わうお菓子も掲載しているので、一年を通して楽しんでください。各レシピには、化学的観点からのポイントをまとめた「化学のPoint!」、お菓子作りの面から注意したい点などをまとめた「お菓子作りのポイント」を記載しているので、作る際に参考にしましょう。

Part 0 [序章]

お菓子作りの基本

ここでは、基本の道具や材料、
手順のポイントなど、
お菓子作りの基礎知識を紹介します。

道具

チョコレートのお菓子作りに必要な道具を紹介します。重さや温度をはかる道具は欠かせないので、そろえておくとよいでしょう。ティースプーンや小鍋もよく使います。

デジタルスケール
実験でもお菓子作りでも、分量を量ることが基本。1g単位で量れるものを用意しましょう。

温度計
オーブン内に置くもの（左）とチョコレートや生地の温度を測るもの（右）を使います。

金属製のボウル
ステンレスなどの金属製ボウルは熱伝導がよいので、冷やすときや湯せんに。大小そろえると◎。

耐熱ガラス製のボウル
電子レンジにも使えます。こちらも大小あると使いやすく、小皿サイズは計量にも使えます。

粉ふるい
お菓子作りでは、薄力粉などを必ずふるって使います。持ち手つきのものでもOK。

シノワなどこし器
液体と固体を分ける、プリン液をこすのに使います。こすことでなめらかな食感になります。

材料

薄力粉
お菓子作りにはたんぱく質の少ない薄力粉を使います。きめが細かく、ふんわりした軽い口あたりに。

砂糖
種類が多くありますが、おもにグラニュー糖を使います。お菓子によっては上白糖を使うものも。

バター
食塩を使わずに作った、無塩バターを使います。「食塩不使用」と書かれていることも。

ゴムべら
生地などを混ぜる際に使います。耐熱性のものを選び、大小あると使いやすいです。

泡立て器
混ぜたり泡立てたりするのに欠かせない道具です。電動のハンドミキサーも使います。

カード
生地を型に広げたり、ゴムべらやボウルなどに残った生地をきれいに取ることができます。

はけ
スポンジ生地にシロップを塗る際に使用します。洗いやすいシリコン製がおすすめです。

パレットナイフ
ケーキにクリームを塗る際に使います。大小あるので、使いやすいものを選ぶとよいでしょう。

絞り袋・口金
型に生地を入れる、飾りのクリームを絞るのに使い、ビニール製が便利です。口金をつけて使います。

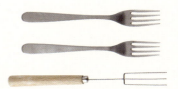

型
ケーキや焼き菓子の生地を入れ、焼くなどして成形するのに使用します。この本では丸型やマドレーヌ型を使います。

ケーキ台
ケーキにクリームを塗る際に使用し、回転するものだと便利。なければオーブンシートなどを敷いて行ないましょう。

フォーク
トリュフなどにチョコレートをつける際に使います。専用のチョコレートフォークだと便利。

お菓子作りに欠かせない、よく使う材料を紹介します。チョコレートについては、p22を参照してください。それぞれのレシピに使うものは、各ページに記載しています。

卵
大きさで量が変わるため、この本ではMサイズ（殻を含んだ重量は約60g）を使います。

牛乳
無脂肪や低脂肪のものではなく、成分無調整の牛乳を使いましょう。

生クリーム
生乳100％で作られ、乳脂肪分18％以上のクリームです。この本では乳脂肪分35〜47％を使用。

Basics

お菓子作りの基本

01 常温に戻す

生地を混ぜやすくしたり、素材の特性（卵の起泡性、バターに含まれる油脂のクリーミング性）を生かしたりするため、卵やバターなどの材料は作り始める前に冷蔵庫から出しておきます。バターは指で軽く押すと、へこむくらいを目安に。

02 材料を軽量する

お菓子作りは分量をしっかり量ることが重要です。そのため、この本では計量カップなどは使わず、全てデジタルスケールで計量します。レシピの材料も「g」単位で記載しています。計量するときは、電源を入れて容器をのせ、一度表示を0にしてから、材料をのせて量ります。

03 温度を測る

お菓子作りは、ちょっとした条件の違いで仕上がりが異なります。きれいな焼き上がりになり、化学的原理をしっかり生かすためにも、温度管理は欠かせません。特にチョコレートのテンパリングなど、チョコレートや生地の温度を測り、オーブンを予熱する際にはオーブン用の温度計を天板にのせて庫内の温度を測ります。

04 粉類はふるう

生地を混ぜるときにダマにならず、しっかり混ぜ合わせるためには、薄力粉などの粉類はふるってから使います。オーブンシートの上や材料が入ったボウルの上から、粉ふるいに粉類を入れてふるいます。

05 ゼラチンはふやかす

粉ゼラチンを使う際は、あらかじめ分量の水にふり入れ、ふやかしておきます。ふやかさなくてよい商品もありますが、こうすることで溶けやすく、作業しやすくなります。

さまざまなレシピに共通する、お菓子作りの基本的な下準備や手順、
工程について紹介します。ぜひポイントを押さえて作ってみましょう。

06 卵白を泡立てる

さまざまなレシピに登場する卵白の基本の泡立て方。分量の卵白とグラニュー糖ひとつまみをボウルに入れ、泡立て器で泡立てます。やわらかなツノが立つくらいになったら、分量のうち半量のグラニュー糖を加え、ハンドミキサーを高速にして泡立てます。グラニュー糖が溶け、モコモコとしてきたら残りのグラニュー糖を加え、砂糖が溶けてレシピに合ったかたさになるまで泡立てます。

07 お湯や氷水にあてる

材料を混ぜたり泡立てたりする際に、お湯や氷水を入れたボウルを重ねて、温めたり冷やしたりすることがあります。その際は、材料を入れたボウルAよりも一回り大きいボウルBにお湯や氷水を入れて重ね、ボウルAの底がお湯などにつかるようにします。お湯などを入れすぎると、ボウルAの中に入ってしまうので注意。

08 少しずつ加えて混ぜる

卵と生地を混ぜ合わせるときなど、分離しやすい材料を混ぜ合わせる場合は、少しずつ加えて、そのつど混ぜ合わせていきます。何度かに分けて材料を合わせて混ぜることで、しっかりと乳化させることができ、生地が安定します。

09 生クリームを泡立てる

さまざまなレシピに登場する生クリームの基本の泡立て方。ボウルに分量の生クリームとグラニュー糖を入れ、氷水にあてながらレシピに合ったかたさになるまで泡立てます。

型の使い方

スポンジケーキや焼き菓子を作る際は、金属製の焼き型を使います。
シリコン製の型もありますが、金属製の型を使うと熱伝導率がよく、
しっかり焼き色がつきます。それぞれオーブンシートなどを敷いて使うことが多いです。

丸型

完成!

型のサイズに合わせて市販の敷紙を使うと便利です。底用の丸い紙と側面に敷く紙がセットになっています。クッキングシートを型に合わせて切って使ってもOK。ガトーショコラ（p62）は、側面にはバター（分量外）を塗って、強力粉（分量外）をふるいます（左の写真）。

マドレーヌ型

マドレーヌ（p55）で使うマドレーヌ型は、型にバターを薄く塗り、強力粉（分量外）をふるいます。

How to use

絞り袋の使い方

マドレーヌ(p55)の生地を型に入れたり、
チョコレートケーキ(p65)でクリームを絞ったりする際に絞り袋を使います。
口金をつけず、袋の先端を切って使うこともあります。

01

一度口金を入れて、袋を切る位置を確かめる。

02

口金を少しずらして、**01**で確認した位置を切る。

03

絞り袋の口金の上の部分をねじり、中に入れた生地が口金から出てこないようにする。

04

手で持ったり、背の高いコップなどに入れたりして、袋を外側に広げる。

05

生地などを入れる。

06

空気が入らないよう袋の口をねじり、先端に生地を押し出して準備完了。

化学的なポイント

01
チョコレートの
テンパリング

チョコレートの口溶けを生み出すのが、テンパリングです（p24参照）。ただ溶かして固めただけでは、おいしいチョコレートはできません。温度を管理して上げたり下げたりすることで、カカオバターの結晶の状態を管理しているのです。

02
生地にチョコレートを
混ぜる

チョコレートをテンパリングして使うだけでなく、溶かして生地に混ぜたりして使うとどのような質感になるでしょうか。マドレーヌ（p55）では、バターを使わずチョコレートの油脂で作るレシピも紹介しています。

03
状態や質感の
変化

テンパリングしたチョコレートの状態がどのように変わるか（p24参照）。また、バターや卵の使い方でどのような質感になるのか。バターのクリーミング性（空気を抱き込む性質）や卵の起泡性（泡を作り出す性質）などによって、焼き菓子の生地がふっくらふくらみます。

04
ココアパウダーの
役割

チョコレートの原料であるカカオマスからカカオバターを取り除いて粉状にしたものが、ココアパウダーです。油脂分などはありませんが、生地に褐色の色味や独特のコクがある苦みを加えます。チョコレートとどのように使い分けているか確認してみましょう。

お菓子作りには化学的な原理が隠れています。それぞれのお菓子の味わいや食感、
質感などのおいしさや作り方が決まっているのは、化学的原理が働いているからです。
各レシピに化学的なポイントを記載していますが、
大まかにこの本で登場するポイントを紹介します。

05
カッテージチーズを作る

スィローク（p51）では、熱した牛乳にレモン汁を加えてカッテージチーズを手作りしています。これは、たんぱく質が持つ、酸や熱などによって変化する性質を利用して、沈殿させています。

06
砂糖を再結晶させる

加熱して一度溶けた砂糖が白く固まってしまうことがあります。これは「結晶化」という反応です。アマンド・ショコラ（p33）では、この性質を使って、アーモンドに砂糖をまとわせています。

07
温度による変化

たんぱく質をはじめ、材料に含まれる成分は温度によって状態や性質が変わります。ちょっとした温度の違いで食感が変わってしまうこともあるので、作りながら生地の温度を測る必要があります。

08
生地にシロップを塗る

切り株ロールケーキ（p60）では、生地を巻く際にシロップを塗っています。こうすることで生地がしっとりして割れにくくなります。

Part 1

テンパリングとチョコレートを味わうお菓子

本書の主役であるチョコレートについて、
特徴や歴史、テンパリングの基本を紹介。
テンパリングしたチョコレートを
使ったレシピもまとめました。

Part 0 / チョコレートの基本

What is chocolate?
チョコレートとは

チョコレートは さまざまな工程を経て作られる

チョコレートはカカオ豆から作られます。カカオの木の果実は、厚さが1cm以上もある「カカオポッド」と呼ばれる硬い殻に包まれ、20cmほどのラグビーボールのような形をしています。カカオポッドの中には「パルプ」と呼ばれる果肉に包まれた種子が入っていて、これがカカオ豆です。ひとつの果実からとれるカカオ豆は30〜40個。カカオ豆をパルプごと発酵させてから乾燥させます。この発酵により、チョコレートの香りや風味が生まれるのです。

乾燥したカカオ豆が工場へ届くと、選別されて焙煎された後、種子の外皮などが取り除かれ、「カカオニブ」となります。焙煎することでメイラード反応（加熱することでたんぱく質と糖が褐色になること）が起こり、香りや風味が出てきます。カカオニブをブレンドして砕き、すりつぶしてペースト状にします。カカオ豆には55％も油脂分が含まれ、これがカカオバターと呼ばれるものです。この油脂分によって、カカオニブはすりつぶすとペースト状の「カカオマス」となるのです。カカオニブの状態で焙煎したり、カカオマスの状態で焙煎する方法もあります。

カカオマスをブレンドして砂糖や牛乳、カカオバターなどを混ぜ合わせ、なめらかにして、じっくり練って精錬します。この工程が、チョコレートの舌触りをよくし、独特の香りを決めるのです。精錬が終わったら、いよいよテンパリング。温度調整してカカオバターの結晶を安定したものにし、型に入れて冷やし固め、包装して熟成させ、やっと私たちの手に届くチョコレートが完成します。

カカオの果実。殻はカカオポッドと呼ばれる／Photo by Ly Le Minh, Unsplash

カカオの果実を割ったところ。カカオパルプに包まれたカカオ豆が入っている／Photo by Rodrigo Flores, Unsplash

カカオ豆。ここから外皮を取り除くとカカオニブとなる／Photo by Tetiana Bykovets, Unsplash

History of chocolate
チョコレートの歴史

はじめは飲み物だったチョコレート

マヤやアステカなど高度な文明が栄えたメソアメリカ（現在のメキシコ南部からグアマテラ、ベリーズ、エルサルバドル、ホンジュラスあたり）では、紀元前2000年頃からカカオが栽培され、珍重され、税や薬、貢ぎ物などとして用いられていました。コロンブスによって、初めてカカオがスペインにもたらされます。チョコレートはスペインの王侯貴族の間で人気となり、庶民にも広まりました。はじめはカカオ豆にとうもろこしの粉や唐辛子などを混ぜた甘みのない飲み物でしたが、チョコレートの苦みをなくすため砂糖や牛乳が加えられ、唐辛子ではなくシナモンなどを加えるようになります。

スペイン王女がフランス王と結婚した際、フランスにチョコレートがもたらされ、フランスでもチョコレートが普及していきます。17世紀後半にはイギリスにも伝わり、1657年には、ロンドンで最初のチョコレート店が誕生しました。その後、産業革命により、チョコレートの製造方法に変化が訪れます。カカオバターを絞り出すための機械式ミルが18世紀に作られ、産業革命後に広まります。製造工程が機械化されることで、チョコレートは世界中で食べられるようになっていきます。1828年、オランダでバンホーテンの創業者C.Jバンホーテンがダッチプロセス製法とカカオ豆を絞る圧搾

スイスの画家ジャン＝エティエンヌ・リオタールによる「チョコレートを運ぶ娘」(1744／1745)

戦前に刊行された子供向けの書籍にはチョコレート工場の写真が掲載されている／柚木卯馬 著『少年少女面白い理科物語』,文化書房,昭和6. 国立国会図書館デジタルコレクション https://dl.ndl.go.jp/pid/1720223

機を開発し、チョコレートがマイルドになり、カカオバターとココアパウダーを分離することができるようになりました。1847年、イギリスでジョセフ・フライによって食べる固形のチョコレートが作られ、1876年にはスイスでダニエル・ペーターによってミルクチョコレートが作られます。ここで、現代の私たちが食べているマイルドな味わいのチョコレートが生まれたのです。

日本では、18世紀末の『長崎聞見録』という本に初めてチョコレートの記録があります。このときは、チョコレートに砂糖などを入れた薬用の飲み物だったようです。約100年後の1878年には、両国若松風月堂で初の国産チョコレートが発売されています。「貯古齢糖」や「猪口令糖」という表記がされていたようです。1918年には、森永製菓によってカカオ豆から一貫したチョコレートの生産が行なわれるようになり、普及していきました。1940年12月を最後に戦争の影響でカカオ豆の輸入が止まり、軍ルートで配給されるだけになってしまいます。戦後すぐには代用チョコレートなども作られましたが、その後まざまなチョコレート菓子が日本で製造・販売されるようになり、1960年のカカオ豆の輸入自由化と1971年のチョコレート製品の輸入自由化によって多様なチョコレートが流通するようになりました。

Part 0 チョコレートの基本

Types of chocolate
チョコレートの種類

カカオ分によって大別されるチョコレート

チョコレートにはさまざまな分類がありますが、ここでは原材料による分類を中心に紹介します。カカオ豆から作られたカカオマスとカカオバターの2つを合わせて「カカオ分」と呼びます。チョコレートはこのカカオ分の配分によって分けられます。右の3つ以外にも、スイートチョコレートやフレーバーチョコレートなどもあります。また、カカオマスに色や風味を、カカオバターはなめらかさや口溶けのよさを決める役割を持っています。

ダークチョコレート
カカオ分を55％以上含むチョコレートで、乳製品が含まれず、入っている砂糖も少ないので、色は濃く強い苦みが特徴です。ビターチョコとも呼ばれます。

ミルクチョコレート
カカオ分のうちカカオマスが約20〜40％ほどと少なく、その分乳製品と砂糖が入っています。わかりやすくいうと、ダークチョコレートの原料に乳製品を足したものです。乳製品のマイルドさと砂糖の甘さがあるため、食べやすいチョコレートです。

ココアパウダー
カカオマスからカカオバターを取り除き、粉末状にしたものがココアパウダーです。砂糖や添加物が含まれず、「純ココア」などとも呼ばれます。砂糖などを加え、そのままお湯などを加えてドリンクになるものは「調整ココア」と呼ばれます。お菓子作りには純ココアを使います。

ホワイトチョコレート
カカオマスを使用していないため、白い色味が特徴。カカオバター、乳製品、砂糖などで作られます。苦みがほとんどない、マイルドな味わいです。

ルビーチョコレート
2017年9月に発表された新しいチョコレートで、原料はルビーカカオというカカオ豆です。ピンク色もしくはルビー色といわれる色で、ベリーのような酸味があるのが特徴。カカオの風味はほとんどなく、「第4のチョコレート」とも呼ばれます。

クーベルチュールチョコレート
製菓用チョコレートのひとつで、カカオ分が35％以上（カカオマスが2.5％以上、カカオバターが31％以上）、カカオバター以外に使われる代用油脂が5％未満など、厳しい国際規格をクリアしたチョコレートが、クーベルチュールチョコレートと呼ばれます。「クーベルチュール（couverture）」は、フランス語で「毛布」や「カバー」とう意味があります。

その他
カカオニブ（左）を細かく砕いたものも製菓材料として買うことができます。カリカリした食感と苦み、香ばしさがあり、焼き菓子の飾りなどに用いられます。チョコレートを豆粒大に成形したチョコチップ（右）もお菓子作りではおなじみ。

Chocolate and sweets
チョコレートとお菓子

ホットチョコレート

　もともとチョコレートは飲み物を指していましたが、現在では飲み物の場合はホットチョコレートと呼ばれます。フランス語圏では「ショコラ・ショー（chocolat chaud）」と呼ばれ、ヨーロッパを中心に人気です。スペインでは、濃厚なホットチョコレートを朝食としてチュロスとともに食べます（右の写真）。また、チョコレートを使わず、ココアパウダーを使った飲み物はホットココアであり、ホットチョコレートとは別物です。ホットチョコレートは、温めた牛乳に刻んだチョコレートと砂糖を溶かして作ります。お好みでシナモンなどのスパイスや、ブランデーなどの洋酒を加えてもよいでしょう。この本では紅茶を使ったチョコレートドリンクを紹介しているので、ぜひ試してみてください（p71）。

ホットチョコレートをチュロスと一緒に食べるスペインの朝食／Photo by Oscar Nord, Unsplash

ケーキやお菓子

　ひと口サイズのチョコレート菓子をボンボン・ショコラといいます（右上の写真）。形も四角形や貝殻形などさまざまで、ガナッシュやプラリネ、ナッツやフルーツのピュレなど、中に詰め物がされ、小さいながら多様な種類が作られています。食べるチョコレートの代表といえるお菓子です。ボンボン・ショコラは1912年にベルギーで初めて作られたそうです。なお、チョコレート専門の菓子職人をショコラティエと呼びますが、フランスでは国家資格であり、チョコレートに関する深い知識や技術が求められます。

　チョコレートを使ったケーキにもさまざまな種類があります。諸説ありますが、ダロワイヨ社が生み出したとされるオペラは、チョコレートやクリーム、生地を何層にも重ねた繊細なケーキです。また、チョコレートを加えて焼いた生地にアンズジャムを塗り、チョコレートで覆ったケーキがザッハトルテです（右下の写真）。こちらは1832年にオーストリアでフランツ・ザッハーが作り出したケーキで、当時のウィーンで好評を博したそうです。とても濃厚な味わいで、砂糖を入れずに泡立てた生クリームを添えて食べます。

写真上：店頭に並ぶさまざまなボンボン・ショコラ／Photo by Marquise de Photographie, Unsplash、写真下：ホテル・ザッハーのザッハトルテ／Photo by Luke Wang, Unsplash

Part 0 / チョコレートの基本

Tempering
テンパリング

なぜテンパリングが必要なのか

チョコレートは、カカオという植物の種子（カカオ豆）を発酵させ、焙煎したカカオマスが原料です。これに砂糖やカカオバター（カカオ豆から取られた脂肪分）などを加えて作られます。口に入れると溶けるチョコレートは、カカオバターがポイントです。カカオバターの油脂に含まれる分子の種類に特徴があり、カカオバターは25℃を超えると溶け始め、30℃を超えるといっきに溶けるという性質があります。これが、食べる前はしっかりした固体なのに、口に入れるととろりと溶けるチョコレートを生み出すのです。

ただし、チョコレートをただ溶かしてそのまま冷やし固めただけでは、おいしいチョコレートにはなりません。なめらかな口あたりで、つややかな見た目のチョコレートを作るためには、テンパリング（温度調節）という工程が重要。細かく温度を測りながらチョコレートを溶かし、微細で安定したカカオバターの結晶を作り、冷やし固める作業です。

ボウルでチョコレートを溶かして、ボウルを水やお湯に当てて温度を上下させて行なう「水冷法」。大理石の台上でチョコレートを練って温度を上下させる「タブリール法」。溶かしたチョコレートに細かく（フレーク状に）したチョコレートを加え、混ぜながら温度を下げる「フレーク法」。テンパリングにはこのような方法がありますが、この本では、家庭でも失敗しづらいフレーク法を紹介します。

テンパリングの温度

	溶かす	冷やす	調整する
スイートチョコレート ダークチョコレート	45〜50℃	27〜28℃	31〜32℃
ミルクチョコレート ホワイトチョコレート	43〜48℃	25〜26℃	29〜30℃

※チョコレートの種類ごとに基準温度は異なる。

カカオバターには6種類の結晶型が存在していて、それぞれ性質が異なります。融点が16〜18℃のⅠ型結晶、融点が22〜23℃のⅡ型結晶は不安定な結晶。融点が24〜26℃のⅢ型結晶と融点が26〜28℃のⅣ型結晶は比較的安定している結晶で、融点が31〜34℃のⅤ型は安定した結晶、融点が34〜36℃のⅥ型はもっとも安定した結晶です。Ⅵ型は安定していますが、結晶サイズが大きく口溶けがよくありません。繊細で安定しているⅤ型の結晶を多く作ることで、おいしいチョコレートができるのです。

フレーク法でテンパリングする

材料
チョコレート……200g

道具
大小のボウル、小皿、ゴムべら、温度計

この本のレシピでは、特定のものを除いてチョコレートの種類を指定していません。好みに合わせてミルクチョコレートを使ったり、ダークチョコレートやスイートチョコレートを使ったりして楽しんでください。

作り方

1　チョコレートを150gと50gに分ける。

3　ボウルに150gのチョコレートを入れ、湯せんにかけて溶かす。

2　50gのチョコレートを細かく刻む。

4　温度を測り、50℃になったら湯せんからはずす。

Part 0 / チョコレートの基本

5 　50gのチョコレートを加える。

⌄

6 　全体を混ぜて溶かす。

⌄

7 　温度を測り、32℃になったらテンパリング完了。32℃未満に下がった場合は、湯せんして温度を32℃まで上げる。

⌄

8 　スプーンなどにつけて、きちんと固まればOK。

失敗したとき

温度管理がうまくいっていないときは、チョコレートが固まりません。また、テンパリング中に水分がチョコレートに入ってしまった場合は、写真のようにぼそぼそとした質感になってしまいます。

ブルームって何?

　右の写真のように、チョコレートの表面に白い粉が浮いた状態を「ブルーム」といいます。テンパリングの際に温度調節ができていなかったり、湿度の高いところで作業した場合などに起こりやすいです。ブルームには脂肪が分離し固まったファットブルームと、糖がチョコレートの表面についていて固まったシュガーブルームとがあります。食べても問題はありませんが、口触りや見た目がよくありません。ブルームは、作られてから時間が経ったチョコレートや保管状態が悪く一度溶けて固まったチョコレートにも見られます。なぜブルームという名前なのかというと、顕微鏡で見た際に、花が咲いているように見えるからです。

テンパリングがかんたんになるアイテム

　なめらかな口溶けのおいしいチョコレートを作るにはテンパリングが不可欠ですが、カカオバターから作られた「マイクリオ」を使うと、テンパリングがよりかんたんに。マイクリオは安定した結晶からできているため、溶かしたチョコレートに1%の割合で加えます。つやがあり、なめらかなチョコレートがかんたんにできます。

cotta マイクリオ（カカオバターパウダー）。

Part 1

テンパリングと
チョコレートを味わうお菓子

最後に使用するカバー用のチョコレートは、少量しか使わないので、コーティングチョコレートを使ったり、少量でもテンパリングしやすい「マイクリオ（カカオバター）」を使ったりすると、手軽に作ることができます。コーティングチョコレートはお菓子などの表面をコーティングするためのチョコレートで、テンパリングなしで使うことができます。溶かすだけで、手軽に使えて便利。

Bonbon au chocolat
ボンボン・ショコラ

「ボンボン」とはフランス語で、アメなど砂糖でできたお菓子のことをいいます。
そこから派生して、中に詰め物をしたひと口サイズのチョコレートも指すようになりました。
中に入れるものはガナッシュをはじめ、マジパンやプラリネ、果物などさまざまです。

材料（直径2cmのアルミカップ16個分）

チョコレート（テンパリング用）……200g
チョコレート（カバー用）……30〜40g
コーヒーガナッシュ（8個分）
　チョコレート……35g
　生クリーム……15g
　インスタントコーヒー（粉末）
　　……小さじ½（約0.5g）
シナモンガナッシュ（8個分）
　ホワイトチョコレート……40g
　生クリーム……10g
　シナモンパウダー……3振りほど

下準備

- テンパリング用のチョコレートは150gと50gに分けて刻んでおく

作り方

1. チョコレートをテンパリングする（p24〜27参照）。ボウルにチョコレートのうち150gを入れ、湯せんで溶かし、50℃ほどにする。

2. 湯せんからはずし、チョコレート50gを加えて溶かし、温度を32℃まで下げる。

3. アルミカップに2のチョコレートを入れ、トントンと台に落とすなどして振動を与えて空気を抜く。カップをひっくり返し、中に入れたチョコレートを小皿などへこぼす。カップの内側がチョコレートでコーティングされていればOK。カップをバットなどに並べてチョコレートが固まるまでおく。カップから出したチョコレートは、再びテンパリングして使うか、ガナッシュなどに使ってもよい。

4. 中に詰めるガナッシュを準備する。耐熱容器にそれぞれの材料を入れ、電子レンジ（600W）で30〜40秒ほど加熱して溶かす。溶けたら全体を混ぜて粗熱を取り、口を切っていない小さめの絞り袋に入れる。

5. 4の絞り袋の先を切り、3のアルミカップにガナッシュを絞り入れる。絞り入れたら、トントンと振動を与えてガナッシュが平らになるようにする。そのままガナッシュが固まるまで涼しい場所に置いておく。

6. 固まったら、カバー用のチョコレートをテンパリングし、5の上に流し入れ、固まったら完成。

> **化学のPoint!**
>
>
>
> きちんと温度計を使用し、正確にチョコレートの温度を測ってテンパリングを行なうこと（p24〜27参照）。

> **お菓子作りのポイント**
>
>
>
> 手順3でテンパリングしたチョコレートでアルミカップの内側をコーティングしてから、中にガナッシュを詰めます。

Part 1

テンパリングと
チョコレートを味わうお菓子

Mendiants
ナッツとベリーのマンディアン

薄くのばしたチョコレートの上にナッツやドライフルーツをのせたお菓子が「マンディアン」です。本来はキリスト教の「修道士」を指す言葉で、チョコレートの上にのせたアーモンド、ヘーゼルナッツ、いちじく、レーズンの4つの色が、托鉢修道士の衣服の色に似ていることが由来となっています。

材料（5cm角のシリコン型6個分）
チョコレート……100g
お好みのナッツやドライフルーツ
（レシピではフリーズドライのいちご、
ドライオレンジ、クルミ、ピーカンナッツ、
ピスタチオなどを使用）……適量

下準備
・チョコレートは75gと25gに分けて刻んでおく

作り方
1. ナッツやフリーズドライのいちごなどは小さめにカットし、厚みのあるものは薄く切る。
2. チョコレートをテンパリングする（p24〜27参照）。ボウルにチョコレート75gを入れて湯せんにかけて溶かし、50℃くらいにする。
3. 湯せんからはずし、残りのチョコレート25gを加えて溶かし、32℃まで温度を下げる。
4. シリコン型に均一になるようにチョコレートを流し入れる。チョコレートが固まる前に、1のナッツなどをのせる。
5. チョコレートが固まったら、型から取り出す。

化学のPoint!
チョコレートがしっかり固まり、なめらかな口溶けになることが重要なので、正確なテンパリングを行ないます（p24〜27参照）。

お菓子作りのポイント
チョコレートをつける前のオランジェット（p37）をのせてもおいしくできます。かんたんなレシピなので、のせるものの組み合わせでバリエーションを作るのがおすすめ。

Part 1

テンパリングと
チョコレートを味わうお菓子

Amande chocolat
アマンド・ショコラ

キャラメリゼしたアーモンドをチョコレートでコーティングして作る「アマンド・ショコラ」。
香ばしいアーモンドとチョコレートが相性抜群で、
ひとつ食べると止まらないおいしさ。フランスの定番お菓子です。
この本では手軽な量で作れるレシピを紹介します。

材料（50粒ほど）
皮つきアーモンド（素焼き）……50g
グラニュー糖……18g
水……10g
バター……2g
チョコレート……70g
ココアパウダー……適量

下準備
・チョコレートは52gと18gに分けて刻む

化学のPoint!

106℃まで熱したシロップにアーモンドを加えると、一度溶けた砂糖が再結晶します。

再結晶した後にさらに熱を加えると、砂糖がカラメル化してきます。この変化は砂糖の特性によるもの。

お菓子作りのポイント

キャラメルはくっつきやすいですが、バターを入れると油が全体の表面に回るため、一度1個ずつに分けるとくっつかなくなります。

作り方
1. 小鍋にグラニュー糖と水を入れて火にかけ、106℃まで煮詰める。
2. 106℃まで上がったら、アーモンドを加える。
3. 全体を混ぜ続けると、シロップが結晶化してくる。
4. グラニュー糖が再び溶けてアメ状になるまで、そのまま加熱する。
5. アーモンド全体がツヤツヤとしてきたら火を止める。バターを加えて混ぜ、オーブンシートの上に重ならないように広げる。
6. 5が完全に冷めたら、大きめのボウルに入れる。
7. チョコレートをテンパリングする（p24〜27参照）。ボウルにチョコレートのうち52gを入れ、湯せんで溶かして50℃ほどにする。湯せんからはずし、チョコレート18gを加えて溶かし、温度を32℃まで下げる。
8. テンパリングしたチョコレートを少量すくい取って6のボウルに入れ、チョコレートが固くなるまで混ぜ続ける。
9. チョコレートが完全に固まったら、再び少量のチョコレートをすくい取って入れ、同じように固まるまで混ぜ合わせる。チョコレートがなくなるまで、同じように混ぜる。
10. 最後にココアパウダーを全体にまぶす。

Part 1

テンパリングと
チョコレートを味わうお菓子

Orangette
オランジェット p37

Florentins au chocolat
フロランタンショコラ p36

Florentins au chocolat
フロランタン・ショコラ

「フロランタン」はフランス語で「フィレンツェの」という意味。
諸説ありますが、イタリアからフランスに伝わったともいわれています。
伝統的な形は、キャラメルの生地の裏面にチョコレートの波形の模様がついていますが、
ここでは、作りやすいようにキャラメル生地の上にチョコレートをのせています。

材料（直径5.3cmのガレット用アルミケース10個分）

A　生クリーム……20g
　　グラニュー糖……40g
　　バター……15g
　　はちみつ……15g
アーモンドスライス……50g
チョコレート……50g

下準備

- チョコレートは38gと12gに分けて刻んでおく
- アルミカップを天板の上に並べる
- オーブンを180℃に予熱する

作り方

1. 鍋にAを入れて火にかけ、110℃になるまで中火で煮詰める。

2. 鍋にアーモンドスライスを加えて軽く加熱し、真ん中がフツフツとしてきたら火を止める。

3. 2をアルミカップに均等に流し入れる。

4. 180℃のオーブンで、キャラメル色になるまで12分ほど焼く。しっかりと粗熱を取る。

5. チョコレートをテンパリングする（p24〜27参照）。ボウルにチョコレートのうち38gを入れ、湯せんで溶かして50℃ほどにする。湯せんからはずし、チョコレート12gを加えて溶かし、温度を32℃まで下げる。

6. テンパリングしたチョコレートを4の中央にのせる。

7. あれば金粉などを飾り、チョコレートが固まったら完成。

化学のPoint!

手順1で作るキャラメルのヌガー部分は、しっかりと温度計で110℃まで測定して濃度を調整します。

お菓子作りのポイント

アルミカップではなく、薄型のシリコンモールドなどを使ってもOK。

Orangette
オランジェット

「オランジェット」は、オレンジなど柑橘類の皮を砂糖漬けにしてチョコレートで包んだもの。
フランス生まれで、柑橘類とチョコレートの香りが合わさった香り高い風味が魅力のお菓子です。
お好みでリキュールなどをシロップに加えると、大人の味になります。
缶詰のシロップ漬けオレンジを使って、手軽に作れるレシピです。

材料（作りやすい分量（20枚））

シロップ漬けオレンジ（缶詰・スライス）
　　……1缶（20枚）
A　グラニュー糖……200g
　　水……300g
グラニュー糖……200g
コーティングチョコレート……50g

作り方

1　鍋にAを入れ、グラニュー糖が溶けるまで温める。オレンジの汁けをきって鍋に加え、オーブンシートなどで落とし蓋をして弱火で20分ほど煮る。

2　火を止め、そのまま3時間ほどおく。

3　オレンジを取り出し、鍋のシロップにグラニュー糖のうち100gを追加する。弱火にかけてグラニュー糖を溶かし、オレンジを戻す。落とし蓋をしてひと煮立ちさせたら火を止め、そのまま一晩置いておく。

4　オレンジを取り出し、鍋のシロップに残りのグラニュー糖100gを追加する。弱火にかけてグラニュー糖を溶かし、オレンジを戻す。落とし蓋をしてひと煮立ちさせたら火を止め、3時間ほどおく。

5　再び鍋を弱火にかけて30分ほど煮る。オレンジがだんだんと透き通ってくる。

6　さらに30分ほど煮たら火を止め、3時間ほどおく。

7　中火でシロップを温めてから、1枚ずつオレンジを取り出してシロップをきる。オーブンの焼き網の上に並べる。

8　100℃のオーブンで1時間加熱し、乾燥させる。30分ほど経ったところでオレンジを裏返し、シロップを落とすようにする。

9　オーブンから取り出して風通しのよいところに置き、そのまま一晩乾燥させる。

10　コーティングチョコレートを湯せんなどで溶かし、乾燥させたオレンジにつける。

化学のPoint!

オレンジにゆっくりと糖分を染み込ませるため、一度にグラニュー糖を入れずに、少しずつ砂糖を増やして煮ていきます。これは浸透圧が関係しています。浸透圧とは、濃度を同じに保とうとして濃度の薄いほうから濃いほうへと水分が移動する力のことです。いっきに糖度を上げてしまうと、力がかかりすぎてオレンジの水分が抜け、かたくなったり、砂糖がオレンジに入りにくくなったりします。

お菓子作りのポイント

シロップ漬けのオレンジを使用するので、苦みやアクを抜く作業がいりません。生のオレンジを使うよりも手軽で挑戦しやすく、作りやすくなります。

Column

ココアパウダーとカカオバターでチョコレートを作る

自分でゼロからチョコレートを作ることができるのでしょうか。ココアパウダーとカカオバター、はちみつでチョコレートが作れるのか実験してみましょう。最近では、余計な処理や添加物を避けたい人が自作することも多いそう。カカオをローストせず、他の材料も48℃以上に加熱せずに作ったチョコレートを「ローチョコレート」と呼び、注目されています。

材料（6cm×12cmのシリコン型1枚分（55g））

カカオバターA……22g
はちみつ……15g
ココアパウダー……10g
カカオバターB…… 8g

下準備

・カカオバターBは細かく刻む

作り方

1 ボウルにカカオバターAとはちみつを入れ、湯せんで溶かす。

4 ココアパウダーを加えるたびによく混ぜる。

2 溶けた状態の温度は、45℃ほど。

5 ココアパウダーを混ぜ終わったところ。

3 溶けたら湯せんからはずし、ココアパウダーを2〜3回に分けて加える。

6 カカオバターBを加えて混ぜ合わせる。

Column

7 ここで32℃まで下げ、チョコレートをテンパリングする(p24～27参照)。

8 シリコン型に流し入れ、固める。

化学のPoint!

しっかりテンパリングを行なうことで、ココアパウダーとカカオバターだけでチョコレートを作り、固めることができます。

お菓子作りのポイント01

この本では板チョコのようにシリコントレーで作りましたが、写真のようなモールド型で作ってもよいでしょう。

お菓子作りのポイント02

グラニュー糖などの白砂糖を使用すると、カカオバターに砂糖が溶けにくいため、ざらつきのある口あたりに。はちみつやメープルシロップなどを使用すると作りやすくなり、チョコレートにより近くなります。

Part 2

チョコレートの
小さなお菓子

クッキーやブラウニーなどの
定番の焼き菓子や、
ちょっと珍しい焼きチョコやスィロークなど。
プレゼントで配りやすい
小さめサイズのお菓子たち。

Part 2

チョコレートの
小さなお菓子

Snowball Cookies
スノーボールクッキー p44

Chocolate Cookies
チョコレートクッキー p45

Snowball Cookies
スノーボールクッキー

「雪玉」という意味の通り、粉糖をまぶした丸い形がかわいいクッキーです。
フランス語では「ブール・ド・ネージュ」ともいわれます。
口の中でほろほろとほどけるような、やさしい食感が特徴。

材料（直径3cmのもの20個ほど）

バター……40g
グラニュー糖……20g
薄力粉……50g
アーモンドプードル……35g
チョコレート……25g
粉糖……適量

化学のPoint!

クッキー生地にチョコレートを混ぜて焼くことで、チョコレートがサクッとした食感に。それは、チョコレートに含まれる油脂のショートニング性が考えられます。

お菓子作りのポイント

クッキーが完全に冷めると粉糖がつかなくなってしまい、逆に熱々だとつきすぎるうえに、粉糖が溶けてしまう（写真の右側）ので、粉糖をつけるのは少し温かいうちに！

下準備

- バターは室温に戻す
- 薄力粉とアーモンドプードルはふるう
- チョコレートは0.5cm角くらいに刻む
- オーブンを170℃に予熱する

作り方

1. バターをゴムべらで軽くほぐし、グラニュー糖を加え混ぜ合わせる。
2. 薄力粉とアーモンドプードルを加え、少し粉が残るくらいまで混ぜ合わせる。
3. 生地がまとまる少し手前でチョコレートを加え、全体が均一になるように混ぜ合わせる。
4. 生地をラップに包んで冷蔵庫に入れ、30分ほど寝かせる。
5. 生地を8gほどの大きさに丸めて成形する。
6. 170℃のオーブンで18分ほど焼く。
7. オーブンから取り出し、天板にのせたまま5分ほど置いて粗熱を取る。
8. バットに粉糖を入れ、クッキーがまだほんのり温かいうちに入れてコロコロと転がし、粉糖をまぶす。

Chocolate Cookies
チョコレートクッキー

レトロでかわいい絞り出しクッキー。生地にココアパウダーを入れ、仕上げにチョコレートでデコレーションしました。ここでは星口金の8切を使用しましたが、好みの形に絞り出して作ってみてください。

材料（直径4cmのリング18～20個）
- バター……40g
- グラニュー糖……20g
- 卵……8g
- 薄力粉……45g
- ココアパウダー……5g
- コーティングチョコレート……50gほど

化学のPoint!

ココアパウダーは、チョコレートからカカオバターなどの油脂分を除いたものです。ココアパウダーをクッキー生地に加えるだけで、チョコレートの風味を楽しむことができます。

お菓子作りのポイント

デコレーションする際にテンパリングしたチョコレートを使うと、ラッピングするときなどに割れてしまうこともあります。デコレーションには、コーティングチョコレートを使用するときれいに仕上がります。

下準備
- バターは室温に戻す
- 薄力粉とココアパウダーは合わせてふるう
- オーブンを170℃に予熱する

作り方

1. バターをゴムべらでほぐし、グラニュー糖を加えて混ぜ合わせる。

2. 別のボウルでほぐした卵を数回に分けて少しずつ加えながらそのつど混ぜ合わせ、なじませる。

3. 薄力粉とココアパウダーを加えて混ぜ合わせる。

4. 全体が均一に混ぜ合わさったら生地を絞り袋に入れ（p15参照）、オーブンシートを敷いた天板の上に、直径4cmほどのリング状に絞り出す。

5. 170℃のオーブンで12分ほど焼く。

6. オーブンから取り出し、天板にのせたまま冷ます。

7. コーティングチョコレートを溶かし、クッキーの半面につける。あればフリーズドライのフランボワーズなどをトッピングする。

Part 2

チョコレートの
小さなお菓子

Brownie

ラムとレーズンのブラウニー

「ブラウニー」はアメリカの素朴な焼き菓子。1890年代にアメリカで生まれたといわれ、チョコレートをたっぷり使ったものや、ココアパウダーを使用しているものもそう呼ばれます。手に入りやすい材料で気軽に作りやすいお菓子です。

材料（15cm×15cmの正方形型1台分）

チョコレート……150g
バター……50g
卵……2個（100g）
グラニュー糖……70g
薄力粉……50g
ラム酒……3g
レーズン……30g

下準備

- オーブンは180℃に予熱する
- 型に敷紙を敷く（p14参照）

作り方

1. 鍋にお湯（分量外）をわかし、レーズンを入れて中火で3分ほど煮る。ざるにあげて水けをきり、粗熱を取る。
2. ボウルにチョコレートとバターを入れ、湯せんで溶かす。
3. 別のボウルに卵を割りほぐし、グラニュー糖を加えて混ぜ合わせる。
4. 3に2を4〜5回に分けて加え、そのつど泡立て器で混ぜ合わせる。
5. 薄力粉をふるい入れてざっと混ぜ、その後ラム酒と1のレーズンを加えて均一になるまで混ぜ合わせる。
6. 型に流し入れ、軽くトントンと型を台に落として隙間まで生地をいきわたらせる。
7. 180℃のオーブンで20〜23分ほど焼く。

お菓子作りのポイント01

レーズンを軽くゆでることで、ふっくらとした食感になります。

お菓子作りのポイント02

焼きたてはやわらかいので、型のまま粗熱を取り、生地を落ち着かせてからカットします。

Part 2

チョコレートの
小さなお菓子

Baked Chocolate
サクサク焼きショコラ

チョコレートに薄力粉などを少量入れて焼くと、チョコレートとは思えないサクサクの食感に。材料を混ぜて冷やして焼くだけのかんたんなレシピなので、ぜひ試してみてください。やみつきになりますよ。

材料
（作りやすい分量（ここでは16.5cm×7cmのパウンドケーキ型））

チョコレート（スイート）……50g
薄力粉……15g
ベーキングパウダー……1g
スキムミルク……10g

下準備
- 薄力粉とベーキングパウダー、スキムミルクは合わせてふるう
- オーブンは170℃に予熱する

作り方

1 ボウルにチョコレートを入れ、湯せんで溶かす。

2 溶けたら湯せんからはずし、ふるっておいた薄力粉とベーキングパウダー、スキムミルクを加え、ゴムべらで均一になるまで混ぜ合わせる。

3 型にオーブンシートを敷き（p14参照）、2を流し入れる。

4 冷蔵庫に入れ、固まるまで25〜30分ほど冷やす。

5 冷蔵庫から取り出し、そのまま5分ほど室温に置く。

6 生地を縦横4等分にし、2cm×4cmくらいの長方形に切る。

7 170℃に予熱したオーブンで12〜13分ほど焼く。冷めたら冷蔵庫で保存し、早めに食べる。

化学のPoint!

チョコレートの油脂分を使うことで、サクサクとした食感のクッキーを作ることができます。油脂のショートニング性を利用したお菓子です。

お菓子作りのポイント

手順5で、生地を取り出してすぐにカットすると割れやすくなってしまうので、注意しましょう。5分ほど室温に置いてからカットします。焼き上がった後、熱いうちにパレットナイフなどで形を整えると、きれいに仕上がります。

Part 2

チョコレートの
小さなお菓子

Cheese Chocolate
スィローク　p51

Castella Chocolate Truffle
カステラトリュフ　p52

Cheese Chocolate
スィロトーク

「スィロトーク」はロシア語でチーズという意味で、ロシアのフレッシュチーズ「トゥバローク」をチョコレートでコーティングしたお菓子です。輸入菓子店などでも見かけることがあります。この本ではカッテージチーズも手作りしてみました。

材料（直径3cmのもの8個）
牛乳……200g
レモン汁……20g
レモンの皮……¼個分
はちみつ……15g
グラニュー糖……10g
チョコレート……約60g

化学のPoint!

レモン汁を加えると、牛乳のカゼインたんぱく質とレモン汁の酸で沈澱反応が起こります。水分（ホエー）をきったら、カッテージチーズができます。

下準備
- レモンの皮は、黄色い部分をすりおろす

作り方

1 カッテージチーズを作る。鍋に牛乳を入れ、中火で加熱する。

2 沸騰直前まで温まったら火を止め、レモン汁とレモンの皮を加えて軽く混ぜ、分離するまで待つ。

3 分離したら、ボウルに布巾などを敷いてこす。粗熱が取れるまでおく。ざるにペーパータオルを敷いてもよい。

4 粗熱が取れたら、布巾などをきつく絞って水分を除く。

5 布巾の中身を別のボウルに入れ、はちみつとグラニュー糖を加えてゴムべらで混ぜる。

6 口金をつけていない絞り袋に入れ、先をハサミで切る。直径3cmくらいになるよう、丸く絞る。指で形を整え、冷凍庫で固まるまで冷やす。

7 チョコレートを刻んで湯せんで溶かし、粗熱を取る。固まった6の形を少し整え、溶かしたチョコレートにくぐらせてコーティングする。

8 オーブンシートの上に並べ、冷凍庫に入れて冷やし、落ち着かせる。チョコレートが完全に固まったら完成。

Castella Chocolate Truffle
カステラトリュフ

「トリュフ」はガナッシュを丸めてチョコレートでコーティングしたお菓子ですが、これは市販のカステラを使ったかんたんトリュフ。コーティングチョコレートを使うので、手軽に作りやすいレシピです。

材料（直径3cmのもの12個）

A　水……40g
　｜　グラニュー糖……20g
ラム酒……5g
カステラ（市販）……80g
くるみ（素焼き）……20g
コーティングチョコレート……70g

下準備

- コーティングチョコレートは刻んで、湯せんで溶かす
- くるみは0.5cm角ほどの粗みじん切りにする

作り方

1 ラムシロップを作る。小鍋にAを入れてひと煮立ちさせる。火を止めてラム酒を加えて混ぜ、粗熱を取る。

2 ボウルにカステラをくずしながら入れる。1のシロップを20g加え、スプーンなどでカステラを細かくほぐして混ぜ合わせる。

3 くるみを加え、溶かしておいたコーティングチョコレートのうち10gを加え、ざっと混ぜ合わせる。

4 ラップを手のひらに敷いて10gほどの生地をのせ、ラップの端を絞るようにして丸く成形する。残りも同様にして成形する。

5 4を残りのコーティングチョコレートにくぐらせる。スプーンやフォークなどを使って余分なチョコレートを落とすようにして引き上げる。オーブンシートを敷いた上に置き、固まるまでおく。

6 固まったら、ココアパウダーをまぶす。

お菓子作りのポイント01

手順4で成形する際は、写真のようにラップで茶巾絞りのようにして行ないます。

お菓子作りのポイント02

シロップは作りやすい分量で作り、そのうちの20g分を使用します。余ったシロップはコーヒーに入れたりミルクティーに入れたり、自由に使ってみてください。

Part 3

チョコレートの焼き菓子とケーキ

ガトーショコラなどのホールケーキと、
2種類を焼き比べるマドレーヌを掲載。
クリスマスやお祝いにも
作りたいお菓子です。

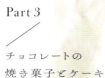

Part 3

チョコレートの
焼き菓子とケーキ

Chocolate Madeleine
2種のチョコレートマドレーヌ

「マドレーヌ」は、18世紀にフランスで生まれたとされる焼き菓子。
ホタテの貝殻を使って作られたことから、今も貝殻型で作られることが多いお菓子です。
この本では、バターの有無で2種類のマドレーヌを作って実験してみましょう。

材料（それぞれマドレーヌ型8個分）

［バターあり］
バター……40g
チョコレート……30g
卵……50g
グラニュー糖……30g
はちみつ……20g
薄力粉……50g
ベーキングパウダー……2g
チョコチップ……20g

［バターなし］
チョコレート……100g
牛乳……15g
卵……50g
グラニュー糖……20g
はちみつ……30g
薄力粉……50g
ベーキングパウダー……2g
チョコチップ……20g

下準備
- 薄力粉とベーキングパウダーは合わせてふるう
- マドレーヌ型にバター（分量外）を薄く塗り、強力粉（分量外）をふるう
- オーブンを180℃に予熱する

作り方

1 バターありのマドレーヌを作る。バターとチョコレートを耐熱ボウルに入れ、湯せんで溶かす。

2 別のボウルに卵を割り入れてほぐし、グラニュー糖とはちみつを加え、泡立て器で混ぜ合わせる。

3 2に1を加え、混ぜ合わせる。

4 ふるっておいた薄力粉とベーキングパウダーを加え、混ぜ合わせる。

5 チョコチップを加えて混ぜ合わせたら、ラップをして冷蔵庫で30分以上休ませる。

6 絞り袋に5の生地を入れ（p15参照）、下準備しておいた型に生地を絞り入れる（p56お菓子作りのポイント02）。

7 180℃に予熱したオーブンで15分ほど焼く。焼き上がったらオーブンから取り出し、粗熱が取れたら型から取り出す。

8 バターなしのマドレーヌを作る。牛乳とチョコレートを耐熱ボウルに入れ、湯せんで溶かす。

9 手順2〜7を参照して、同様に作る。

化学のPoint! 01

マドレーヌなどの焼き菓子にはバターを使うのが基本ですが、製菓用のクーベルチュールチョコレートはカカオバターが31％以上含まれています。（p22参照）。この油脂分を利用して、バターなしのマドレーヌの生地を作りましょう。

混ぜ終わった生地の状態を比較してみましょう。上はバターあり、下はバターなしです。下のほうが茶色が濃く、ドロッとしている感じです。

お菓子作りのポイント01

どちらのレシピでも、少しずつチョコレート生地と卵液を混ぜ合わせて、しっかり生地と油脂分を乳化させていく必要があります。またチョコレート生地が温かいほうが、より卵液と乳化しやすくなります。湯せんで温かくした状態で加えましょう。

お菓子作りのポイント02

マドレーヌ型はバター（分量外）を薄く塗り、強力粉（分量外）をふるってしっかり準備し、そこに生地を絞り入れていきます。バターなしのレシピは冷蔵庫で休ませすぎるとかたくなり過ぎてしまいます。その場合は、室温に戻すなどして生地をゆるめてから絞りましょう。

化学のPoint! 02

焼き上った2種類のマドレーヌを比べて観察してみてください。生地の表面はどんな状態か、ふくらみ方はどう違うか、舌触りや味わいはどう感じるか。半分に切って断面を比較してみてもよいでしょう。

マドレーヌはバターを入れて作るお菓子ですが、今回はチョコレートの油脂分のみで焼いたものと比較して作ってみました。バターを使わず、チョコレートをたっぷりと使っているのでカカオ分が多く、その分生地の状態はどっしりとした、濃厚なマドレーヌが焼き上がりました。どちらもそれぞれよいことをがある2種類のチョコレートマドレーヌ、自分好みの味を探すのもおもしろそうですね。

Part 3

チョコレートの
焼き菓子とケーキ

Stump Swiss Roll
切り株ロールケーキ　p60

Gâteau au chocolat
ガトーショコラ p61

Stump Swiss Roll
切り株ロールケーキ

材料（直径15〜16cm1台分
（スポンジ生地は30cm×30cmの天板1枚分））

卵……2個（100g）
上白糖……60g
バター……20g
A　薄力粉……40g
　　コーンスターチ……10g
　　ココアパウダー……5g
B　水……50g
　　グラニュー糖……18g
　　ラム酒……3g
生クリーム（乳脂肪分47％）……200g
グラニュー糖……12g
コポー用板チョコ……適量

下準備
- バターは使う直前まで湯せんで50℃ほどに温めておく
- Aは合わせてふるう
- 天板にオーブンシートを敷く
- オーブンを180℃に予熱する

作り方

1　コポーを作る。板チョコをピーラーなどで薄く削る。市販のものを使ってもよい。

2　スポンジ生地を作る。ボウルに卵を割り入れて軽くほぐし、上白糖を加えて軽く混ぜる。湯せんして40℃くらいまで温める。

3　上白糖が溶けたら湯せんからはずし、ハンドミキサーで泡立てる。ハンドミキサーを持ち上げると、はねの中に少しの間泡がとどまってから、ゆっくり落ちるくらいまで泡立てる。

4　合わせてふるったAをボウル全体にふり入れ、ゴムべらで混ぜ合わせる。粉けがなくなったらすぐに次の手順に進む。

5　少量の生地を小皿に取り、50℃ほどに温めておいたバターとなじませる。生地全体に加え、混ぜ合わせる。マーブル模様になるくらいで止め、混ぜすぎないようにする。

6　天板に生地を流し入れ、全体へ広げる。トントンと台に軽く打ちつけて余分な空気を抜き、180℃のオーブンで15分ほど焼く。

7　焼き上がったら10cmほどの高さから天板を台に落として衝撃を与え、焼き縮みを防ぐ。

8　別のボウルに生クリームとグラニュー糖を入れて、氷水に当てながらしっかりと泡立てる。

9　シロップを作る。小鍋にBを入れて中火で熱し、グラニュー糖が溶けたら、粗熱を取る。

10　組み立てる。スポンジ生地をオーブンシートからはずし、縦に4等分する（写真a）。

11　焼いた面に9のシロップをはけで塗る。右端の生地は、⅓〜半分くらいのところまで、1.5cmほどの切り目を入れる（写真b）。

12　側面に塗る分を少し残し、生クリームをパレットナイフなどで生地に塗る（写真b）。

13　1枚目からくるくると巻く。カットした側面を上側にすると、きれいに仕上がる（写真c）。

14　1枚目の巻き終わりと2枚目の端を合わせて、巻いていく（写真d）。上側のスポンジに段差が出ないよう注意する。

15　巻いた生地を立て、3〜4枚目は貼りつけるようにして巻きつける（写真e）。巻き終わりの端を斜めに切る（写真f）。取っておいた生クリームを側面に塗り、1のコポーをつける（写真g〜i）。

ロールケーキの生地を四等分して、ぐるぐると巻き重ねて作るケーキです。
薄い生地を巻いてホールケーキを作ることができます。切り株のようなビジュアルは、クリスマスにもぴったり！
飾りに使うコポーは、フランス語で木くずという意味で、チョコレートを薄く削ったものです。
市販品もありますが、かんたんに作ることができます。

化学のPoint! 01

生地にグラニュー糖よりも保湿性がある上白糖を使い、さらにシロップを塗ることで、巻いても割れにくいスポンジになります。

お菓子作りのポイント

手順1でコポーを作る際は、室温に戻した板チョコの端をピーラーで軽く削るようにすると作りやすいです。ナイフを使っても。

組み立ての手順

a

スポンジ生地は縦に4等分して使います。あれば長いケーキ用ナイフを使うときれいに切ることができます。

b

1枚目に巻く生地は、1/3〜半分のところまで1.5cm幅に切り目を入れると、巻きやすくなります。

c

巻き終わりにくる生地は、端の部分1〜2cmほど塗らずに残しておきます。切り目を入れたところから巻きます。

d

1枚目の巻き終わりと2枚目の端を合わせて持ち替え、巻いていきます。

e

3枚目からは巻いた生地をオーブンシートの上に置き、巻きつけるようにするときれいにできます。

f

側面が平らになるよう、巻き終わりの端を斜めに切ります。

g

上側にはみ出た生クリームは、パレットナイフなどで取り除くときれいに仕上がります。

h

側面は生クリームを薄く塗ります。生地が見えてもOK。

i

生クリームを塗った側面に、コポーをまぶすようにつけます。

Gâteau au chocolat
ガトーショコラ

「ガトー・オ・ショコラ」はチョコレートケーキという意味のフランス語で。
世界には多様なケーキがありますが、日本ではガトーショコラといえば、チョコレートを
メレンゲの生地に混ぜ込んで焼いたケーキのこと。チョコレートケーキの定番ともいえるケーキです。

材料（15cm丸型1台分）

チョコレート……70g
バター……70g
グラニュー糖……70g
卵黄……2個分（40g）
薄力粉……30g
アーモンドプードル……35g
卵白……2個分（約60g）
A　生クリーム……100g
　　グラニュー糖……10g

下準備

- 型の側面にバター（分量外）を薄く塗って強力粉（分量外）をふるい、底には丸く切ったオーブン用シートを敷く（p14参照）
- バターは常温に戻す
- 薄力粉とアーモンドプードルはそれぞれふるう
- 湯せん焼き用に使う耐熱性カップ4つと湯を準備する
- オーブンを160℃に予熱する
- チョコレートを刻んで湯せんで溶かし、使うまで温めておく（38℃ほど）

作り方

1. バターをポマード状に練り、グラニュー糖のうち20gを加えて混ぜ合わせる。
2. 卵黄を1つずつ加え、そのつど混ぜ合わせる。
3. ふるった薄力粉とアーモンドプードルを加えて混ぜ合わせる。
4. 別のボウルに卵白と残りのグラニュー糖のうちひとつまみを加えて泡立てる。やわらかなツノが立つくらいになったら、残りのグラニュー糖の半量を加え、ハンドミキサーを高速にして泡立てる。
5. グラニュー糖が溶け、モコモコとしてきたら残りのグラニュー糖を加え、かためのメレンゲになるまで泡立てる。
6. 直前まで湯せんで温めたチョコレートに3に3回ほどに分けて加え、混ぜ合わせる（お菓子作りのポイント01写真a）。
7. 5のメレンゲを3回ほどに分けて加え、ゴムべらで混ぜ合わせる。
8. 型に生地を流し入れる（この段階の生地は25℃ほど）。
9. オーブンの天板にお湯を入れた耐熱性カップを置き、8の型を中央に置いて160℃で45分焼く（お菓子作りのポイント01写真b）。
10. 焼き上がったらオーブンから取り出し、冷めるまで型のまま置く。しっかり冷めたら型から取り出す。カットして、泡立てたAを添える。

| 化学のPoint! | お菓子作りのポイント02 |

卵の起泡性を利用して、チョコレート生地に負けない、しっかりとしたメレンゲを泡立てて使うことでふくらませます。

| お菓子作りのポイント01 |

a

b

チョコレートは湯せんで溶かしたら、混ぜ合わせる直前まで湯せんで温め、生地の温度を下げないようにします。こうすることでケーキのふくらみが弱まりません。また、メレンゲの泡が消えないよう、オーブンに入れるまで素早く作業することも大切です。

生地表面の割れと、焼いた後にできやすいへこみを軽減するため、ココットなど耐熱性のカップ4個を使用して、ゆるやかな湯せん焼きを行ないます。

Part 3

チョコレートの
焼き菓子とケーキ

Chocolate Cake
チョコレートケーキ

ガナッシュをベースにして作ったクリームでデコレーションしたケーキ。
クラシカルで大人っぽいビジュアルです。ふんわりしたスポンジと
ガナッシュクリームのコクのあるやわらかな口どけを楽しんでください。

材料（15cm丸型1台分）
卵……2個（100g）
グラニュー糖……60g
薄力粉……44g
ココアパウダー……6g
チョコレート……90g
水あめ……20g
生クリームA……100g
生クリームB……200g
A　水……50g
　　グラニュー糖……18g
ラム酒……3g

下準備
- 薄力粉とココアパウダーは合わせてふるう
- 丸型の底と側面にオーブンシートを切って敷く（p14参照）
- オーブンを180℃に予熱する

作り方

1　スポンジ生地を作る。ボウルに卵を割り入れて軽くほぐし、グラニュー糖を加えて軽く混ぜる。湯せんしながら40℃くらいに温める。

2　グラニュー糖が溶けたら湯せんからはずし、ハンドミキサーで泡立てる。泡立て器を持ち上げると、少し泡立て器に生地がとどまり、その後落ちるくらいまで泡立てる（p66の化学のpoint!）。

3　合わせてふるった薄力粉とココアパウダーを加え、ゴムべらで混ぜ合わせる。

4　型に生地を流し入れ、180℃のオーブンで20分ほど焼く。

5　チョコレートクリームを作る。ボウルにチョコレートと水あめを入れ、小鍋で温めた生クリームAを加えて混ぜる。

6　チョコレートと水あめが溶け残る場合は、湯せんや電子レンジにかけてしっかり溶かす。生クリームBを加え、均一になるまで混ぜ合わせる。

7　ラップをして2時間以上休ませる。しっかりクリームが冷えたら、氷水に当てて泡立てる。

8　ケーキ用シロップを作る。小鍋にAを入れて溶けるまで温める。鍋肌がフツフツしてきたら火を止め、ラム酒を加える。粗熱を取る。

9　ルーラーなどを使い、スポンジを3枚にスライスする。

10　一番下の生地をケーキ台などにのせ、シロップを刷毛で塗る。

11　7のチョコレートクリームを生地にのせ、厚さ0.5cmほどになるように塗り広げる。2枚目のスポンジ生地を重ね、同じようにシロップとクリームを塗る。

12　3枚目を重ねたら、パレットナイフでなぞって先に上面、その後側面にクリームを塗り、上面の縁に残りのクリームをナイフを滑らせるようにして塗っていく。

13　12と同じようにクリームを再度塗る。

14　残りのクリームを絞り袋に入れ（p15参照）、上面に絞ってデコレーションする。あれば、パールクラッカンなどを飾る。

化学のPoint!	お菓子作りのポイント

ココアのスポンジは気泡がつぶれやすいため、卵をしっかり泡立ててふくらませます。ここでも卵の起泡性を利用しています。下段の写真のように、落ちた泡がしばらく形を保っているくらいが目安です。	チョコレートガナッシュを作り、生クリームを加えて泡立てることで、温めすぎることなく、安定したクリームを作ることができます。分離しやすいので、しっかりと冷やしてからクリームの泡立てを行ないましょう。

組み立ての手順

スポンジ生地をスライスするときは、あればルーラーを使うときれいに切ることができます。クリームを塗って隠れてしまうので、目分量で切っても問題ありません。1枚の生地に塗るクリームは、下段の写真を参照。

手順13ではクリームを再度塗り、仕上げます。力を入れすぎないようにしてパレットナイフを動かして塗っていきます。

Part 4

でき立てを味わう
チョコレートの
デザート

熱々がおいしいチョコレートスフレや
プリン、パフェなど、
おやつやデザートに作りたいお菓子を紹介します。

Part 4

でき立てを味わう
チョコレートの
デザート

Chocolate Soufflé
チョコレートスフレ

「スフレ」はフランス語で、メレンゲに材料を混ぜてオーブンで焼いた、ふわふわと軽い食感の料理です。熱々のでき立てを味わうお菓子です。

材料（スフレ用ココット皿（100mℓ）4個分）

- A　卵黄……2個分（40g）
  　　グラニュー糖……20g
- 薄力粉……10g
- ココアパウダー……3g
- 牛乳……200g
- チョコレート……50g
- 卵白……2個分（60g）
- グラニュー糖……40g

下準備
- チョコレートは細かく刻む
- 薄力粉とココアパウダーはそれぞれふるう
- オーブンを180℃に予熱する
- マヨネーズ状にやわらかくしたバター（分量外）をココット皿の側面に塗り、グラニュー糖（分量外）をまぶす（ポイント参照）

作り方

1. ボウルにAを入れ、白っぽくなるまで泡立て器で混ぜる。
2. 薄力粉とココアパウダーを加え混ぜ合わせる。
3. 小鍋に牛乳を入れて中火で温め、沸騰したら火を止める。混ぜ合わせながら1に加える。
4. 3をこして鍋に戻し入れ、混ぜながら弱火にかける。
5. とろりとしてツヤが出たら火を止め、刻んだチョコレートを加える。混ぜながら溶かす。
6. 5をボウルに移し、ラップをして粗熱が取れるまで冷ます。
7. メレンゲを作る。別のボウルに卵白を入れて泡立て器でほぐし、グラニュー糖をひとつまみ加えてハンドミキサーで泡立てる。ふんわりとツノが立つようになったら、残りのグラニュー糖のうち半量を加え、泡立てる。
8. モコモコしてツノがピンと立ってきたら、残りのグラニュー糖を加えて泡立て、かたいメレンゲを作る。
9. 6をゴムべらなどでほぐす。泡立て器でメレンゲをひとすくいして加え、生地になじませる。
10. もう1回、メレンゲをひとすくいして加えてなじませましたら、残ったメレンゲを全て加え、ゴムべらで泡をつぶさないよう、混ぜ合わせる。
11. ココット皿に生地をいっぱいまで入れ、パレットナイフなどですり切るようにする。
12. ココット皿の縁を指で一周ぬぐう。すぐにオーブンに入れ、180℃で13～15分ほど焼く。

化学のPoint!

メレンゲに含ませたたっぷりの空気が膨張することで、生地がふくらみます。時間が経つと写真のようにしぼんでしまいます。

お菓子作りのポイント

ココット皿の内側にバターとグラニュー糖をたっぷりとつけておくことで、きれいにスフレが立ち上がります。生地を入れたら、縁の部分をしっかりとぬぐっておくことも、うまく生地を立ち上がらせるポイント。

Part 4

でき立てを味わう
チョコレートの
デザート

Hot Chocolate Drink
紅茶とチョコレートのホットドリンク

寒い季節にうれしいホットチョコレート。
この本では、紅茶をベースにして作ってみました。
使う紅茶はミルクティーに合うアッサムやウバがおすすめです。

材料（カップ2杯分（300mlほど））

チョコレート……40g
水……150g
ティーバッグ（アッサム）……1個
牛乳……70g
生クリーム……50g

作り方

1 チョコレートは細かく刻み、カップに20gずつ入れる。

2 ふたつきの小鍋に水を入れて中火にかけ、沸騰したらティーバッグを入れてふたをして5分ほど蒸らす。

3 牛乳と生クリームを加え、鍋肌がフツフツとしてくるまで温める。

4 ティーバッグを取り、1のカップにチョコレートがひたるくらいに加える。

5 チョコレートが溶けるのを少し待ち、その後混ぜ合わせる。しっかり混ぜ合わせたら、残りの紅茶液を注ぎ、混ぜ合わせる。あればシナモンスティックを添えても。

化学のPoint!

紅茶を淹れるという作業は、化学的には「抽出」という分離方法です。水を溶媒（溶かす液体）として紅茶を抽出牛乳で煮出す場合もありますが、牛乳と水では溶媒が異なるので抽出環境も変化し、味が変わってきます。また、しっかりと蒸らすことで乾燥した茶葉が開き、華やかな香りやコクと風味を溶媒（水）に溶かし込むことができます。

お菓子作りのポイント

牛乳だけでも作ることができますが、生クリームを加えたほうが濃厚かつチョコレートがダマにならずに溶けやすくなります。

Part 4

でき立てを味わう
チョコレートの
デザート

Chocolate Mousse
濃厚チョコレートムース p74

Chocolate Pudding
チョコレートプリン p75

Chocolate Mousse
濃厚チョコレートムース

「ムース」は卵と生クリームなどで作るクリーミーなお菓子で、
フランスで生まれました。
チョコレートやフルーツのピュレを組み合わせて作られます。

材料（3〜4人分）
チョコレート……100g
熱湯……50g
A　グラニュー糖……10g
　　ココアパウダー……3g
　　粉ゼラチン……2g
　　水……8g
生クリーム　100g

下準備
・粉ゼラチンは水でふやかす

作り方
1　チョコレートを刻んでボウルに入れ、熱湯を加えて溶かす。

2　1を湯せんにかけ、チョコレートが溶けたら、Aを加える。ゴムべらで混ぜ合わせる。

3　別のボウルに生クリームを入れて泡立てる。

4　2のボウルに3を数回に分けて加えて混ぜ合わせる。均一になったら冷蔵庫で冷やして固める。

化学のPoint!

ゼラチンは溶ける温度が人間の体温に近い28〜35度と低く、やわらかな口溶けのよさが特徴。その分、保存は冷蔵が必須ですが、弾力があるもちもちぷるぷるとした食感を楽しむことができます。泡を抱え込む起泡性という性質があり、ムースやマシュマロに用いられます。

お菓子作りのポイント

手順1でチョコレートが溶け残った場合は、手順2にあるように、ボウルを湯せんしてしっかり溶かすことが大切です。ゼラチンを加えた際も、きちんと溶かすことがポイント。

Chocolate Pudding
チョコレートプリン

おやつの定番として人気のプリン。
生地にチョコレートを加えることで、さらにコクのある味わいに。
鍋で蒸して作るので、かんたんに作りやすいレシピです。

材料（プリンカップ（150mℓ）4個分）

A　グラニュー糖……30g
　｜　水……15g
水……15g
生クリーム……50g
チョコレート……50g
牛乳……150g
卵……1個（50g）
グラニュー糖……10g

化学のPoint！

プリンは、卵に含まれるたんぱく質が持っている「熱凝固性」という性質を利用して、熱で固めて作ります。このレシピでは、チョコレートが多く含まれている分、かために仕上がります。

お菓子作りのポイント

型から出す際は、ナイフをプリンカップの側面に添わせるようにしてぐるりと一周させると、取り出しやすくなります。また、チョコレートがプリン液と乳化するのを助けるのが生クリーム。全部牛乳にしてしまうと分離の原因となるので、必ず生クリームを使いましょう。

作り方

1　カラメルソースを作る。小鍋にAを入れて中火にかける。カラメル色になったら火を止め、水を加える。再び火をつけ、弱火で温める。全体が均一になったら、プリンカップに注ぎ分ける。

2　鍋に生クリームを入れて中火にかけ、鍋肌がフツフツするまで温める。

3　火を止め、チョコレートを加えて1分半ほどそのままおく。チョコレートが溶け始めたら混ぜ合わせる。

4　牛乳を少しずつ混ぜながら加え、温める。鍋肌がフツフツしたら火を止める。

5　ボウルに卵とグラニュー糖を入れ、空気を含ませるように混ぜ合わせる。4を加えて混ぜ合わせる。

6　5を別のボウルにこして入れる。

7　1のプリンカップに6のプリン液を均等に注ぎ入れる。

8　鍋の底に布巾を敷いてお湯を2cmほどの高さまで入れ、プリンカップを置く。小さい泡がフツフツするくらいの火加減で13分ほど蒸し、プリンカップを取り出して室温で粗熱を取る。粗熱が取れたら冷蔵庫で冷やす。

9　プリンカップの側面にナイフを入れて一周させ、小皿をかぶせる。小皿をかぶせたまま逆さまに持ち替え、2、3回水平に振る。静かにプリンカップを取る。

Part 4

でき立てを味わう
チョコレートの
デザート

Chocolate Tart
チョコレートタルト

クッキー生地やパイ生地を皿型にして、クリームなどのフィリング(具材)と
フルーツを入れて作るのがタルトです。この本では、市販のビスケットを砕いて生地を作り、
焼かずにできる手軽なタルトを紹介します。

材料（16cmタルト型1台分）

グラハムビスケット……100g
バター……25g
ホワイトチョコレート……40g
チョコレート……200g
生クリーム……100g
好みのナッツ……適量

下準備

- バターとホワイトチョコレートはそれぞれ湯せんで溶かす
- ホワイトチョコレートは15gと25gに分けて刻む

作り方

1 保存袋などにグラハムビスケットを入れ、麺棒などで叩いて細かくする。

2 1をボウルに入れ、溶かしたバターと、ホワイトチョコレートのうち15gを加え、均一になるよう混ぜ合わせる。

3 タルト型に2を入れ、グラスなどを使って型に押しつけるようにして底と縁に敷き詰める。冷蔵庫に入れて、冷やし固める。

4 残りのホワイトチョコレート25gを湯せんで溶かし、シリコン製のはけなどでタルト生地の内側に塗り広げる。

5 ガナッシュを作る。耐熱ガラス製のボウルに細かく刻んだチョコレートと生クリームを入れ、電子レンジ（500W）で1分半ほど温めて溶かす。均一になるように混ぜ合わせる。

6 5のボウルの底を氷水にあて、混ぜながら25℃くらいまで温度を下げる。タルト型に流し入れる。

7 冷蔵庫で冷やし固め、ナッツをオーブンでローストして飾る。アマンド・ショコラ(p33)を使うのもおすすめ。

化学のPoint!

ホワイトチョコレートをタルト生地に塗ることでフィリングの水分が生地に移るのを防ぎ、サクサクの状態を保つことができます。

お菓子作りのポイント

市販のビスケットを使って生地を作ることで、気軽にタルトを作ることができます。くずれないよう、グラスなどでしっかり押して、敷き詰めて作りましょう。

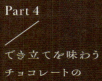

Part 4

でき立てを味わう
チョコレートの
デザート

78

Chocolate Parfait
チョコレートパフェ

憧れのパフェを家でも作ってみましょう。
手作りグラノーラとパイナップルソースをアクセントに、この本で作った他のお菓子を使って、
グラスに生クリームなどと一緒に入れていきます。市販のアイスクリームやフルーツ、
ナッツを加えてもいいでしょう。好みに合わせてアレンジして作ってみてください。

材料（パフェグラス1台分）

A オートミール……40g
　植物油……10g
　はちみつ……20g
　アーモンド……20g
　ココアパウダー……2g
　塩……ひとつまみ（1g弱）
B パイナップル（生）……100g
　グラニュー糖……10g
　バニラペースト……1g
生クリーム……30〜50g
グラニュー糖……3〜5g（なしでもよい）
チョコレートクッキー（p43参照）……1枚
チョコレートムース（p74参照）……適量
チョコレートプリン（p75参照）……1個
バナナ……1/5本

下準備
- アーモンドはざく切りにする
- オーブンを160℃に予熱する
- パイナップルは0.5cm角に切る
- バナナは皮をむいて、斜めに薄く切る

お菓子作りのポイント01
グラノーラとパイナップルソースは作りやすい分量のレシピなので、多めの量になっています。余ったら、ヨーグルトやアイスクリームなどに添えて、おやつとして召し上がってください。

作り方

1 グラノーラを作る。Aを全てボウルに入れ、均一になるように混ぜ合わせる。

2 天板にオーブンシートを敷き、1を広げる。160℃のオーブンで15分焼く。

3 オーブンから取り出し、天板の上で軽く全体を混ぜ合わせ、粗熱が取れるまで天板の上で冷ます。

4 パイナップルソースを作る。小鍋にBを入れて混ぜ合わせる。

5 中火にかけ、弱火で7〜10分ほど煮る。水分が少なくなり、ツヤが出てとろりとしたら完成。

6 ボウルに生クリームとグラニュー糖を入れてを泡立てる。

7 グラスに5のパイナップルのソース、3のグラノーラ、泡立てた生クリームを入れ、チョコレートムースやチョコレートプリンをのせ、バナナとチョコレートクッキーなどを飾る。

お菓子作りのポイント02

盛りつける際は、まずはパイナップルソース、グラノーラの順に入れ、生クリーム、グラノーラをその上に重ね入れます。

プリンをのせる際は、市販のスポンジ生地を丸く切ってのせてから型から出すと、くずれにくくなります。生クリームは市販のホイップクリームを使っても。

Chocolate Parfait

バナナ
チョコレートプリン
チョコレートムース
チョコレートクッキー
グラノーラ
生クリーム
グラノーラ
パイナップルソース

Column

テンパリングしたチョコレートで かんたんお菓子

p24〜27ではチョコレートのテンパリングを紹介しています。
市販のお菓子とテンパリングしたチョコレートを使えば、
お菓子作り初心者でも、手軽に楽しむことができます。

Column

put chocolate on
チョコレートをつける

　いちばん手軽にできる方法です。市販のクッキーやグミ、ドライフルーツ、マシュマロなどにテンパリングしたチョコレートをつけて固めます。ポテトチップスやようかんなども意外とおいしいので、自分の好みの組み合わせを探してみましょう。お菓子の半分にチョコレートをつけたり、スプーンなどで細くかけてしま模様にしたり、つけ方も色々。

sandwich the chocolate
チョコレートをサンドする

市販のクッキーなどにチョコレートをはさむだけでなく、さらにひと手間加えて、少し電子レンジで加熱したマシュマロをクッキーではさんでから、チョコレートをつけても。

draw with chocolate
チョコレートで絵を描く

チョコレートをつけたドーナツに、猫の顔を描いてみました。市販のチョコペンを使うと、さらに手軽にできます。メッセージを描いてもいいですね。

Column

ラッピングアイデア

作ったお菓子をプレゼントする際、手軽にできるラッピングアイデアを紹介します。
包装紙や袋、箱がなくてもできるものもあるので、試してみてください。

idea 01
端ぎれでカバー

ジャムの空きビンや100円ショップで売っているプラスチックの丸型容器などにお菓子を入れたら、端ぎれでカバーして、麻ひもで結びます。端ぎれは容器の直径より4〜5cm大きめにして丸く切り、麻ひもは先に輪を作り、結び目を手で固定してから縁に引っかけて結ぶとやりやすいです。

01

02

03

idea 02
折り紙で三角包み

折り紙で袋を作るアイデアです。折り紙の右端に、写真01のように0.5cm幅の両面テープをつけます。写真02のように折り紙の隣り合う辺を両面テープで張り合わせます。上側の部分を手前に追ってシールなどで留めて閉じます。

01

02

03

85

Column

idea 03
ヘッダーを作る

お菓子を市販のPP袋に入れ、画用紙をPP袋の幅に合わせて切ります。メッセージなどを画用紙に描いて、真ん中で折ってPP袋の口にかぶせ、ステープラーで留めるだけ。画用紙の色を変えると、ビビッドにもシックにもなります。

01

02

idea 04
紙コップで作るボックス

クラフト紙でできた紙コップにお菓子を入れたら、縁を切り取ります。紙コップの内径の半分の長さになるよう、切り込みを8～10か所入れます。切込みを紙コップの内側に折り、シールで留めたら完成。

01

02

03